Walther Ziegler

Adorno

in 60 Minuten

AF205517

Dank an Rudolf Aichner für seine unermüdliche und kritische Redigierung,
Silke Ruthenberg für die feine Grafik, Angela Schumitz, Lydia Pointvogl, Eva Amberger,
Christiane Hüttner, Dr. Martin Engler für das Lektorat
und Dank an Prof. Guntram Knapp, der mich für die Philosophie begeistert hat.

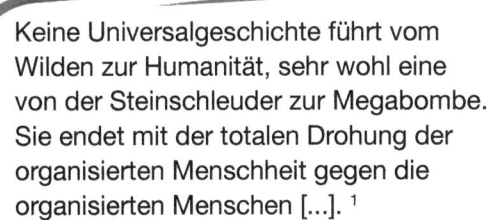

Keine Universalgeschichte führt vom Wilden zur Humanität, sehr wohl eine von der Steinschleuder zur Megabombe. Sie endet mit der totalen Drohung der organisierten Menschheit gegen die organisierten Menschen [...]. [1]

Bibliografische Information der Deutschen Nationalbibliothek:
Die Deutsche Nationalbibliothek verzeichnet diese Publikation in der Deutschen
Nationalbibliografie; detaillierte bibliografische Daten sind im Internet über www.dnb.de
abrufbar.

© 2017 Dr. Walther Ziegler
Umschlaggestaltung und Grafik des gesamten Buches: Silke Ruthenberg
unter Verwendung von Illustrationen von:
Raphael Bräsecke, Creactive – Atelier für Werbung, Comic & Illustration (Zeichnungen)
© JackF - Fotolia.com (Bilderrahmen)
© Valerie Potapova - Fotolia.com (Bilderrahmen)
© Svetlana Gryankina - Fotolia.com (Sprechblasen)
Herstellung und Verlag:
BoD – Books on Demand, Norderstedt

ISBN 978-3-7448-6463-3

Inhalt

Adornos große Entdeckung

Theordor W. Adorno (1903 – 1969) ist bis heute einer der intellektuellsten und charismatischsten Denker der Philosophiegeschichte. Er hatte bereits zu Lebzeiten großen Einfluss auf die heranwachsende Studentengeneration und das geistige Klima der jungen Bundesrepublik. Kein anderer deutscher Intellektueller hielt in der Zeit von 1959 bis 1969 mehr Vorträge in Radio und Fernsehen als er.

Wie Sartre in Frankreich wurde Adorno in Deutschland zur charismatischen Leitfigur der studentischen Jugend und aller politisch linksgerichteten Kräfte. Und genau wie Sartre war er klein, etwas untersetzt, hatte eine dicke Hornbrille und zahlreiche Affären mit attraktiven Frauen. Seine Vorlesungen, zu denen Studierende aus Amerika und vielen europäischen Staaten von weit her anreisten, waren völlig überfüllt – und dies, obwohl nur die wenigsten Teilnehmer hinterher behaupten konnten, alles verstanden zu haben. Die hochkomplexe Gedankenführung des kahlköpfigen Professors gilt bis heute als eine große

Herausforderung, ebenso wie sein abstraktes Spätwerk mit dem Titel *Negative Dialektik*.

Mit seiner Systemkritik am Kapitalismus war Adorno ein Wegbereiter der 68er Revolte in Europa. Zweifellos hat er den geistigen Nährboden für die 68er Unruhen geschaffen, auch wenn ihm seine eigene Wirkung schließlich selbst unheimlich wurde und er sich 1968 nicht, wie dies seine Anhänger von ihm erwarteten, an die Spitze der Protestbewegung stellte.

Adornos Kerngedanke ist verblüffend und provokativ zugleich: Die moderne kapitalistische Gesellschaft befindet sich in ihrer Gesamtheit auf Abwegen. Die Individuen genießen zwar wie niemals zuvor die Vorzüge von Mobilität, Technik, Medizin und Wohlstand, haben aber gleichzeitig das verloren, was ihr Dasein lebenswert macht, nämlich den Sinn für die Natur, für die eigene innere Natur und am Ende sogar ihre Liebesfähigkeit:

Jeder Mensch heute, ohne jede Ausnahme, fühlt sich zuwenig geliebt, weil jeder zuwenig lieben kann. [2]

Dieser Verlust der Liebesfähigkeit des modernen Menschen ist nach Adorno eine direkte Folge der Waren- und Konsumgesellschaft. Der Mensch wird berechnend und berechenbar, denn in der Tauschgesellschaft hat alles seinen definierten Preis. Jede Ware, auch die eigene Arbeitskraft, wird für Geld zu Markte getragen und verkauft. Dies führt zu einer Verdinglichung der zwischenmenschlichen Beziehungen. In einer Gesellschaft, in der nichts ohne Bezahlung getan wird, verschwindet nach und nach die natürliche Anteilnahme am Schicksal der anderen. Jeder kämpft für sich allein. Die Ich-AG wird zum Symbol der Moderne.

Dabei kritisiert Adorno nicht nur die Tatsache, dass in der Marktwirtschaft alles nach Angebot und Nachfrage taxiert wird, sondern auch, dass beim Konsumenten immer neue künstliche Bedürfnisse geweckt und Waren zu Fetischen werden, denen eine quasireligiöse Verehrung zuteil wird.

Für viele Menschen ist beispielsweise das Auto weitaus mehr als ein Fortbewegungsmittel. Sie identifizieren sich mit dem toten Gegenstand und beziehen aus ihm ihren Wert als Mensch. Der Kapitalismus macht die Individuen abhängig und überformt ihren Charakter, was Adorno zu der radikalen Schlussfolgerung veranlasst:

Das Ganze ist das Unwahre. [3]

Mit seinem Generalverdacht wurde Adorno zum wichtigsten Vertreter der sogenannten Kritischen Theorie, die es sich zur Aufgabe gemacht hat, die gesamte kapitalistische Gesellschaft zu analysieren und zu kritisieren. Da alle Vertreter dieser Denkrichtung in den 50er und 60er Jahren am legendären Institut für Sozialforschung an der Universität Frankfurt lehrten, spricht man auch von der Frankfurter Schule.

Dazu gehörten neben Adorno so bekannte Denker wie Max Horkheimer, Herbert Marcuse und der Psychoanalytiker Erich Fromm. Sie alle kritisierten aufs Schärfste die verkrusteten Strukturen der jungen Bundesrepublik. Dabei beriefen sie sich zwar noch auf Marx und bezeichneten sich selbst als Materialisten, doch hielten sie unter dem Eindruck der Terrorherrschaft Stalins und der zunehmenden Konsumorientierung der Arbeiter eine kommunistische Weltrevolution für unrealistisch. An die Stelle der

Zwangsläufigkeit der Revolutionstheorie und der baldigen Verwirklichung der klassenlosen Gesellschaft setzten sie die Forderung nach einer permanenten Gesellschaftskritik. Daher die Bezeichnung Kritische Theorie.

Mit seinem Freund Horkheimer, den Adorno schon seit Studienzeiten kannte, verfasste er bereits im amerikanischen Exil das Hauptwerk der Kritischen Theorie, die berühmte *Dialektik der Aufklärung*. Neben Adorno und Horkheimer mussten auch Marcuse und Fromm aufgrund ihrer jüdischen Herkunft vor dem Nationalsozialismus nach Amerika fliehen. Die dort entstandene *Dialektik der Aufklärung* ist bis heute eines der wichtigsten Standardwerke der Soziologie und Sozialphilosophie.

Schon bei seinem Erscheinen war das Buch spektakulär, weil es erstmals eine Kritik der Kritik zum Inhalt hatte. Die Aufklärung war mit Geistesgrößen wie Rousseau, Voltaire, Diderot, Kant, Hume, Locke und vielen anderen Denkern selbst ein immens kritisches Unterfangen. So kritisierten die Aufklärer den Feudalismus, das Gottesgnadentum, die Religion, den Aberglauben und wollten die Menschen ein für alle Mal von den überkommenen mittelalterlichen und irrationalen Zwängen befreien. „Wer soll das Volk regieren, wenn nicht das Volk", lautete eine ihrer fortschrittlichen Parolen. Die Aufklärung war also die ganz große Epoche des kritischen Denkens.

Und dann kamen Adorno und Horkheimer aus dem amerikanischen Exil zurück und hatten im Gepäck ihren großen Verdacht. Die gesamte kritisch emanzipatorische Bewegung der Aufklärung, so Adorno und Horkheimer, bedeutet für Europa keineswegs nur einen begrüßenswerten Aufbruch, sondern zugleich auch ein Verhängnis und muss selbst einer scharfen Kritik unterzogen werden. Zwar wurden in der Epoche der Aufklärung durchaus Fortschritte auf politischem, wissenschaftlichem und technischem Gebiet gemacht, doch all diese Verbesserungen hatten am Ende eine fatale Kehrseite. Bereits der allererste Satz der *Dialektik der Aufklärung* lautet:

Seit je hat Aufklärung im umfassendsten Sinn fortschreitenden Denkens ...

> ... das Ziel verfolgt, von den Menschen die Furcht zu nehmen und sie als Herren einzusetzen. Aber die vollends aufgeklärte Erde strahlt im Zeichen triumphalen Unheils. [4]

Die Aufklärung hat also anfangs, so Adorno, das fortschrittliche Ziel verfolgt, den Menschen die Furcht zu nehmen, vor der Natur, vor wilden Tieren, vor Missernten, vor dem Aberglauben, dem Jüngsten Gericht, der Apokalypse, dem Teufel und anderen irrationalen Vorstellungen. Die „Illumination", das „Enlightenment", wie diese Epoche in Frankreich und England bezeichnet wird, wollte alles illuminieren, erhellen und das Licht der Vernunft und Wissenschaft an die Stelle des irrationalen Glaubens setzen, wonach höhere Mächte unsere Geschicke bestimmen.

So blickten die Bauern jahrhundertelang ängstlich zum Himmel hinauf, brachten dem Donnergott ihre Opfer dar, um ihn rituell gnädig zu stimmen. Heutzutage steigt ein Hagelflieger auf und zerstäubt die

Gewitterwolken mit einer Chemikalie. Die Natur wird im aufgeklärten Zeitalter nicht mehr als übermächtig und bedrohlich empfunden, sondern durch hochmoderne Erntemaschinen, Fungizide, Pestizide und Massentierhaltungen komplett beherrscht und kontrolliert. Dennoch erstrahlt die Erde laut Adorno „im Zeichen triumphalen Unheils". Denn die totale Kontrolle über die Natur hat ihren Preis:

Die Menschen bezahlen die Vermehrung ihrer Macht mit der Entfremdung von dem, worüber sie die Macht ausüben. [5]

Umso perfekter nämlich die Menschen die Welt und ihr eigenes gesellschaftliches Zusammenleben mit Hilfe von hochmodernen Maschinen und gesellschaftlichen Institutionen kontrollieren, desto weiter entfernen sie sich von der äußeren und ihrer eigenen inneren Natur. Adorno stellt unserer modernen Zivilisation letztlich eine fatale Diagnose aus – vielleicht die fatalste Diagnose, die überhaupt möglich ist: Wir haben uns zwar durch die entfesselte Wissenschaft und die allgegenwärtige Administration zu Herren über die Natur aufgeschwungen, uns damit aber gleichzeitig selbst versklavt. Wir sind manipulierte Opfer der von uns geschaffenen Massengesellschaft.

Unser Leben vollzieht sich in Trugbildern. Wir haben zwar subjektiv noch das Gefühl, dass unser Alltag real ist. Wir glauben, dass wir in einer echten Welt leben mit all ihren Problemen, Sorgen und schönen Seiten, doch in Wirklichkeit befinden wir uns in einer Scheinwelt oder wie Adorno sagt, einem einzigen großen „Verblendungszusammenhang". Das geht nach Adorno so weit, dass wir komplett in der Masse aufgehen und unsere Individualität verlieren:

Bei vielen Menschen ist es bereits eine Unverschämtheit, wenn sie Ich sagen. [6]

Wir werden zu eindimensionalen Menschen und begehren nur noch das, was uns von der Konsumgüterindustrie als begehrenswert vorgegaukelt wird.

Ein solcher Manipulationsverdacht ist nicht neu. Bereits der griechische Philosoph Platon hat vor zweitausendfünfhundert Jahren in seinem berühmten Höhlengleichnis kritisiert, dass die Menschen manipuliert werden, ihr ganzes Leben in einer Art Höhle verbringen, die wahre Welt draußen nicht mehr erkennen und stattdessen nur mehr die Schatten an der Höhlenwand für real halten.

Doch Adorno geht noch einen Schritt weiter. Hatten die Menschen in Platons Höhlengleichnis noch die Chance, zum Licht aufzusteigen und die wahre Welt zu erreichen, bleiben sie bei Adorno zur Gefangenschaft verdammt. Während uns also Platon auffordert, das innere Auge auf die Wahrheit zu richten und solchermaßen ein gutes und echtes Leben zu führen, kommt Adorno zu einer sehr pessimistischen Einschätzung. Wir schaffen es nicht mehr, die Höhle zu verlassen. Zu sehr sind wir bereits fester Bestandteil im Getriebe der kapitalistischen Welt:

Kein Standort außerhalb des Getriebes lässt sich mehr beziehen, von dem aus der Spuk mit Namen zu nennen wäre. [7]

Und selbst wenn wir spüren, dass mit unserem Leben etwas nicht stimmt, dass etwas falsch läuft, haben wir kaum mehr eine Chance, dies zu korrigieren. Denn, so Adorno:

> Es gibt kein richtiges Leben im falschen. [8]

Dieser berühmt gewordene und viel zitierte Satz steht bis heute für die Verunsicherung und Widersprüchlichkeit des modernen Menschen. Einerseits genießen wir in der westlichen Zivilisation wie nie zuvor die medizinischen und technischen Segnungen des Kapitalismus mit seinen Konsumgütern und Medienspektakeln, andererseits spüren wir, dass wir uns genau darin verlieren und zu Knechten unserer eigenen und fremder Bedürfnisse machen. Wir haben eine tiefe Sehnsucht nach einem Leben jenseits der Reizüberflutung, aber zugleich gelingt es uns nicht mehr, ein wahres Leben zu führen, da wir bereits zu sehr im falschen zuhause sind. Viele Menschen können zum Beispiel gar nicht mehr ohne

Fernsehapparat leben, der ihnen Abend für Abend eine unterhaltsam spannende, aber unechte Welt ins Wohnzimmer holt.

Selbst seine Kritiker gestehen Adorno zu, dass er mit seiner Fundamentalkritik am modernen Lebensstil etwas erkannt hat, das bis heute nur wenig von seiner Aktualität verloren hat. Führen wir tatsächlich ein falsches Leben? Sind wir alle fremdgesteuert? Und wenn ja: woher weiß Adorno, dass es so ist? Ist das Projekt der Aufklärung, die Menschheit durch Vernunft und Wissenschaft vom Aberglauben zu befreien, in sein Gegenteil umgeschlagen? Hat die Kritische Theorie recht? Führt am Ende gerade die berechnende Wissenschaft zur Gefahr einer neuen Barbarei? Adorno gibt höchst spannende und eigenwillige Antworten.

Adornos Kerngedanke

Die Dialektik der Aufklärung

Entscheidend für den Kerngedanken von Adorno war zweifellos die Erfahrung des Faschismus und des Holocaust. Bei seiner Rückkehr aus dem amerikanischen Exil in das völlig zerstörte Nachkriegsdeutschland beschäftigten Adorno deshalb zunächst zwei große Fragen. Erstens: Wie können wir verhindern, dass sich Ausschwitz und der Faschismus wiederholen?

> Die Forderung, daß Auschwitz nicht noch einmal sei, ist die allererste an Erziehung. Sie geht so sehr jeglicher anderen voran, daß ich weder glaube, sie begründen zu müssen noch zu sollen. [9]

Zweitens: Wie konnte es dazu kommen, dass nach Jahrhunderten der Aufklärung und des Humanismus gleich in drei europäischen Ländern – in Spanien, Italien und Deutschland – totalitäre Führer und Parteien an die Macht kamen?

Bereits im Exil hatte Adorno sozialpsychologische Forschungen unternommen, die er in Deutschland fortsetzte. Diese wurden unter dem Titel *Studien zum autoritären Charakter* publiziert. Das Ergebnis ließ aufhorchen: Zwei Drittel der Deutschen, so die Auswertung der Interviews, stehen auch nach der Erfahrung des Nationalsozialismus der Demokratie noch skeptisch gegenüber. Die Hälfte lehnt sogar jede Mitschuld an den Gräueltaten des Dritten Reiches ab. Und: ein Großteil der Befragten gab Antworten, die zumindest indirekt auf eine ausgeprägte Obrigkeitshörigkeit hindeuten.

Für Adorno waren diese empirischen Befunde jedoch nicht entscheidend. Sie zeigten nur Fakten, die er ohnehin vermutet hatte. Seine große philosophische Frage lautete: Wie konnte es nach Rousseau, Voltaire, Montesquieu, Leibniz, Kant, Hume, Locke und anderen Aufklärern noch einmal zu einer solchen Barbarei kommen?

Seine Antwort wurde zum Ausgangspunkt der gesamten Kritischen Theorie. Die Aufklärung und die moderne Wissenschaft, so Adorno, haben zwar die Menschen vom Aberglauben befreit, doch etablierten sie an seiner Stelle eine rein instrumentelle Welterklärung, die nicht minder gefährlich ist. Denn die rein technokratisch instrumentelle Welterklärung birgt die Gefahr, am Ende auch wieder in einen Irrationalismus umzuschlagen. Schuld daran ist die spezifische Ausrichtung der Forschung und Wissenschaft auf die unmittelbare Anwendbarkeit:

> Die Aufklärung verhält sich zu den Dingen, wie der Diktator zu den Menschen. Er kennt sie, insofern er sie manipulieren kann. Der Mann der Wissenschaft kennt die Dinge, insofern er sie machen kann. [10]

Machbarkeit ist das oberste Gebot der modernen Wissenschaft. Die Wissenschaftler, so Adorno, wollen die Welt und die Dinge nicht nur rational analysieren und verstehen, sondern immer auch kontrollieren. Mit jedem neu dazugewonnenen Wissen wird die Natur neu gestaltet, beherrscht und manipuliert. Damit hat die Wissenschaft automatisch etwas Diktatorisches an sich.

So war beispielsweise auch Darwins wissenschaftliche Entdeckung der Evolutionstheorie zunächst zwar ein aufklärerischer Akt der Befreiung vom biblischen Schöpfungsmythos. Doch schon bald wurde seine Entdeckung einer fatalen Anwendung und Machbarkeit zugeführt. Mit der Hypothese von der natürlichen Selektion im Tierreich hat Darwin, ohne dies wahrscheilich selbst intendiert zu haben, den Nährboden für die darauf folgende Selektionshypothese in der menschlichen Evolution geschaffen.

Bereits ein halbes Jahrhundert vor Hitler übertrug der britische Wissenschaftler Herbert Spencer die Lehre von der natürlichen Auslese auf die Menschheit und begründete den Sozialdarwinismus. Er prägte den Begriff vom „Survival of the fittest" und erklärte den Kampf zwischen Völkern, Rassen und Nationen zu einem Natur-Prozess. Darwins „Natürliche Auslese" war auf einmal nicht mehr nur ein Spiel der Natur von Mutation und Selektion, sondern wurde als gezielter Kampf der Rassen in den Bereich menschlicher Machbarkeit geholt. Während des Nationalsozialismus forschte dann ein ganzes Heer von Wissenschaftlern, Professoren, Ärzten und Genetikern an neu eingerichteten Lehrstühlen für Rassekunde. Sie sammelten anatomische Daten, angefangen von der Vermessung von Schädeln und Gesichtszügen bis hin zu Körpergröße, Hautpigmentierung und geistigen Fähigkeiten. Das Ergebnis ist bekannt.

Mit dem aufkommenden Rassenwahn schlug die ursprüngliche Rationalität der Wissenschaft endgültig in einen menschenverachtenden Irrationalismus um. Im Gefolge von Darwins noch rational begründeter Hypothese vom Ursprung der Arten und ihrer Entwicklung durch natürliche Selektion, erhebt sich nach und nach unter dem Deckmantel der Wissenschaft der irrationale Mythos vom genetisch höher stehenden Arier, der sich gegen alle andere Rassen durchsetzen wird:

[...] so verstrickt Aufklärung mit jedem ihrer Schritte tiefer sich in Mythologie. [11]

Adorno zeigt diese Dialektik des Umschlagens von Wissenschaft in Mythos am Beispiel der Horde. Die Horde der Steinzeit und ihre Mitglieder fühlen sich durch mythologische Erzählungen und Symbole miteinander verbunden, indem sich beispielsweise alle mit einem gemeinsamen Totemtier identifizieren.

Die Mitglieder einer Horde der Neuzeit fühlen sich verbunden, weil die Wissenschaft ihnen rational erklärt, dass sie zur selben genetisch verwandten Spezies oder Volksgemeinschaft gehören. De facto aber unterscheiden sie sich nur wenig. Auch die Individuen der modernen Horde verfallen nämlich am Ende der Aufklärung wieder einem neuen Aberglauben – einem wissenschaftlichen Aberglauben. Dies ist aber nach Adorno kein bloßer Rückfall in die Barbarei, sondern hat eine eigene Qualität, die in der Logik der Aufklärung selbst zu suchen ist:

Die Horde, deren Namen zweifelsohne in der Organisation der Hitlerjugend vorkommt, ist kein Rückfall in die alte Barbarei, sondern der Triumph der repressiven Egalität, die Entfaltung der Gleichheit des Rechts zum Unrecht durch die Gleichen. [12]

Die guten Vorsätze der Aufklärung, also in diesem Fall der Ruf nach Egalität, Entfaltung der Gleichheit und Brüderlichkeit werden hier von Adorno als Wegbereiter des Totalitarismus interpretiert. Sie konnten zusammen mit den Ergebnissen der Lehrstühle für Rassekunde sehr einfach als Basis der repressiven Gleichschaltung aller Bürger missbraucht werden. Denn wer das Regime kritisiert hat, hat die genetisch definierte egalitäre Horde verlassen und war damit automatisch ein Volksfeind, der sich außerhalb oder sogar über die egalitäre und brüderliche Volksgemeinschaft stellen wollte.

Aufklärung ist ursprünglich angetreten, um die Naturwüchsigkeit der Gesellschaft und den Naturzwang zu kritisieren und an ihrer Stelle die Kraft der Vernunft zu setzen. Doch stattdessen hat sie am Ende nur den mythologisch religiösen Naturzwang durch einen rational pseudowissenschaftlichen ersetzt:

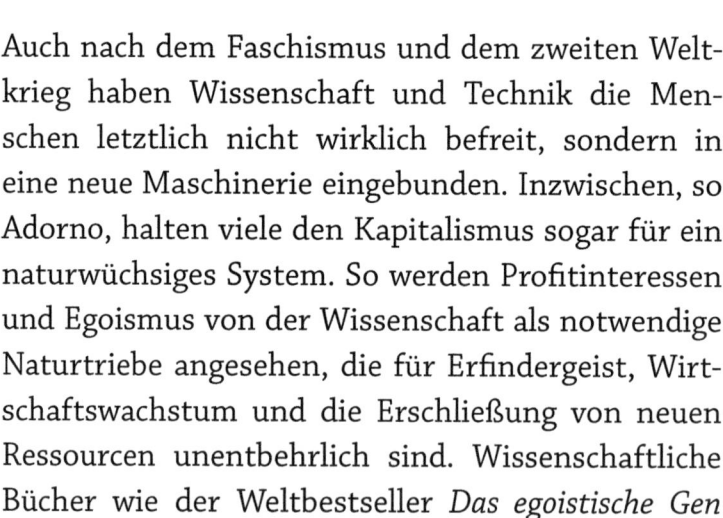

> Jeder Versuch, den Naturzwang zu brechen, indem Natur gebrochen wird, gerät nur um so tiefer in den Naturzwang hinein. So ist die Bahn der europäischen Zivilisation verlaufen. [13]

Auch nach dem Faschismus und dem zweiten Weltkrieg haben Wissenschaft und Technik die Menschen letztlich nicht wirklich befreit, sondern in eine neue Maschinerie eingebunden. Inzwischen, so Adorno, halten viele den Kapitalismus sogar für ein naturwüchsiges System. So werden Profitinteressen und Egoismus von der Wissenschaft als notwendige Naturtriebe angesehen, die für Erfindergeist, Wirtschaftswachstum und die Erschließung von neuen Ressourcen unentbehrlich sind. Wissenschaftliche Bücher wie der Weltbestseller *Das egoistische Gen* erklären die Naturwüchsigkeit des globalen bürgerlichen Besitzindividualismus.

Hinzu kommt das Problem des „technologischen Schleiers". Da unsere Welt zunehmend von Technik durchdrungen ist, legt sich ein Schleier über ihre ursprüngliche Funktion als bloßes Werkzeug. Sie bekommt ein Eigenleben.

> Die Menschen sind geneigt, die Technik für die Sache selbst, für Selbstzweck, für eine Kraft eigenen Wesens zu halten und darüber zu vergessen, dass sie der verlängerte Arm der Menschen ist. [14]

Die technischen Hilfsmittel werden fetischiert und verleiten die Menschen zu Allmachtphantasien:

Und welchen Chauffierenden hätten nicht schon die Kräfte seines Motors in Versuchung geführt, das Ungeziefer der Straße, Passanten, Kinder und Radfahrer, zuschanden zu fahren? [15]

Letztlich, so Adorno, ist die Aufklärung und mit ihr die gesamte Technikentwicklung in ihr Gegenteil um-geschlagen. Statt den Menschen zu befreien, hat sie ihn in neue bedrohliche Abhängigkeiten gebracht.

Die Selbstunterdrückung durch die Vernunft am Beispiel des Odysseus

Als Beispiel für diesen dialektischen Prozess führt Adorno den antiken Helden Odysseus an. Dieser verkörpert die Dialektik der Aufklärung sinnbildlich in seiner eigenen Person. Odysseus zeichnet sich nämlich dadurch aus, dass er schlau und listig ist. Im Unterschied zu den anderen griechischen Helden, wie zum Beispiel Achilles oder Herkules, die ihrer Kraft und ihrem Mut vertrauen, setzt Odysseus ausschließlich auf seine Vernunft. Damit verkörpert er inmitten der mythischen Welt der Antike erstmals den modernen rationalen Typus und erweist sich, so Adorno, als

[…] Urbild eben des bürgerlichen Individuums […]. [16]

Odysseus ist vor allem aufgrund seiner Vernunft und seiner überragenden Selbstkontrolle erfolgreich. So überlebt er den betörend verlockenden, aber zugleich tödlichen Gesang der Sirenen durch einen Trick. Um mit seinem Schiff nicht am Felsen zu zerschellen, befiehlt er seiner Mannschaft, sich Wachs in die Ohren zu gießen und ihn selbst am Segelmast festzubinden. So kann weder seine Mannschaft noch er dem betörenden Gesang der Sirenen verfallen und zu nah an die gefährlichen Klippen segeln. Odysseus überlebt also, indem er sich selbst Fesseln anlegt und seinen Trieb unterdrückt.

Auch dem einäugigen Riesen Polyphem, dem Odysseus das einzige Auge aussticht, kann er nur entkommen, indem er sich zuvor selbst verleugnet. Vom Riesen nach seinem Namen befragt, nennt er sich „Niemand", was ihm später das Leben rettet. Als nämlich der Riese sein Auge verliert, fordert er die anderen Riesen dazu auf, nach „Niemand" zu suchen und „Niemand" zu töten. So überlebt Odysseus dank seiner Selbstunterdrückung und Selbstverleugnung:

In Wahrheit verleugnet das Subjekt Odysseus die eigene Identität [...]. Seine Selbstbehauptung aber ist [...] wie in aller Zivilisation, Selbstverleugnung. [17]

Und genau das ist, so Adorno und Horkheimer, das Schicksal des modernen Menschen. Das Überleben in der Massengesellschaft verlangt von uns Anpassung, Selbstunterdrückung und Selbstverleugnung. Odysseus hat uns dies erstmals vorgelebt:

Der Listige überlebt nur um den Preis seines eigenen Traums, [...] indem er [...] sich selbst entzaubert. Er [...] muß immer warten können, Geduld haben, verzichten, er darf nicht vom Lotos essen und nicht von den Rindern des heiligen Hyperion [...]. [18]

Damit hat Homer laut Adorno und Horkheimer mit seiner Odyssee den „Grundtext der europäischen Zivilisation" [19] geschrieben und mit seiner Sagenfigur des Odysseus schon den neuen Typ Mensch vorweggenommen:

Der listige Einzelgänger ist schon der homo oeconomicus, dem einmal alle Vernünftigen gleichen [...]. [20]

Die Philosophie von Marquis de Sade als Ergebnis der Aufklärung

Ein Indiz für ihre Grundthese, dass die Aufklärung Gefahr läuft, in ihr Gegenteil umzuschlagen, ist für Adorno und Horkheimer die Philosophie des Aufklärers Marquis de Sade.

De Sade (1740 -1814) ist den meisten Menschen nur wegen seiner sexuell perversen Praktiken bekannt. Doch de Sade war nicht nur der Namensgeber des Sadismus, sondern auch Autor zahlreicher Bücher und zusammen mit La Mettrie und Holbach einer der wichtigsten Vertreter des Französischen Materialismus. Diese Denkrichtung verstand sich als die Speerspitze der Aufklärung. Im Gefolge der französischen Revolution kritisierten sie die Religion als Aberglaube und vertraten ein streng materialistisches, naturwissenschaftliches und mechanistisches Weltbild.

Die Menschen sind in Wirklichkeit, so die Französischen Materialisten, nicht Gottes Geschöpfe und auch keine moralischen Geistwesen, sondern ausschließlich von Naturgesetzen gesteuerte Lebewesen, die es zu erforschen gilt.

So hat beispielsweise La Mettrie den Menschen in seinem berühmten Buch *L'homme machine*, als „Menschmaschine" und perfekt funktionierendes Uhrwerk beschrieben: „Der menschliche Körper", so La Mettrie, „ist eine Maschine, die selbst ihre Federn aufzieht". [21]

Auch der Aufklärer Holbach, der über vierhundert naturwissenschaftliche Artikel für die Enzyklopädie verfasst und an Diderot geschickt hat, sah die Triebe als die alleinige Ursache der Handlungen des Menschen an: „Der Mensch ist ein rein physisches Wesen. [...] Seine sichtbaren Handlungen [...] sind natürliche Wirkungen seines eigentümlichen Mechanismus. [...] Alles, was wir tun, ist nur Antrieb der Natur." [22]

In moralischer Hinsicht vertraten die französischen Materialisten die Auffassung, dass der Mensch letztlich nur seinen natürlichen Antrieben, also seinem Selbstinteresse folgen muss. Die durch Gott und Geist jahrtausendelang unterdrückte Natur sollte nun endlich wieder in ihr Recht gesetzt werden. Moralisch ist, was natürlich ist und sich an der Natur orientiert.

Der radikalste Denker dieser französischen Materialisten war Marquis de Sade. Auch er verstand sich selbst als Speerspitze der Aufklärung und dachte den Gedanken des naturkonformen Lebens radikal zu Ende. Wenn wir nämlich anerkennen, so folgerte de Sade, dass wir reine Naturwesen sind, die wie Uhrwerke ihren innersten Antrieben folgen, dann müssen wir in einem letzten Schritt auch unsere Aggressionen und selbst die Mordlust als Naturereignis anerkennen. In seinem Hauptwerk *Juliette oder die Vorteile des Lasters* erklärt de Sade sogar den Mord zu einem notwendigen Bestandteil der Natur: „Und woher kommt diese ungestüme Neigung? Von der Natur [...]. Der Mord ist eines ihrer Gesetze. Jedesmal, wenn sie das Bedürfnis dazu verspürt, gibt sie uns diese Neigung ein, und wir gehorchen unwillkürlich." [23]

Die Argumentation von de Sade ist einfach. Wenn alles Menschliche letztlich Naturanlage ist und Natur wiederum eine wissenschaftlich wertneutrales Phänomen, dann darf man auch den Mord als Naturereignis nicht verurteilen. De Sade lässt seine Romanfigur Juliette zuerst in aufklärerischem Eifer den Katholizismus kritisieren, da es für diesen keinerlei wissenschaftliche Beweise gibt:

Juliette [...] dämonisiert den Katholizismus als jüngste Mythologie und mit ihm Zivilisation überhaupt. [24]

Sodann lässt de Sade Juliette eine Reihe von kriminellen Erfahrungen machen und auch Morde begehen, bis sie schließlich zu dem nüchternen Ergebnis kommt, dass in jedem Menschenleben immer auch Gewaltausübung vorkommt. Zu einem aufgeklärten, freien und selbstbestimmten Leben sollte daher anstelle des Verzichtes, der Demut und der wissenschaftlich nicht nachweisbaren Nächstenliebe das natürliche „Recht auf Alles" treten, das auch Gewaltanwendung und Mord nicht ausschließt. Adorno und

Horkheimer sehen in Juliettes Argumentation eine gefährliche moderne wissenschaftliche Haltung, die sich ausschließlich an positiv feststellbaren Naturmomenten wie Trieben und real quantifizierbaren Verbrechen orientiert und diese als naturwüchsig hinnimmt:

> Juliette hat die Wissenschaft zum Credo. [...] Sie operiert mit Semantik und logischer Syntax wie der modernste Positivismus [...] als Tochter der kämpfenden Aufklärung [...]. [25]

In seinem provokativen Aufruf „Franzosen – noch eine letzte Anstrengung, wenn ihr Republikaner sein wollt", [26] ermutigt de Sade die Revolutionäre und Republikaner, die Forderung der Aufklärung nach individueller Freiheit noch gar zu vollenden. Nachdem sie bereits den Klerus enteignet und den König geköpft haben, fehle den Franzosen nur noch das Bekenntnis zur absoluten Freiheit des Individuums – und das heißt für de Sade, das Bekenntnis zur Freiheit des Verbrechens. Logisch konsequent fordert de

Sade die Gründung eines libertinen Staates und die aufklärerische Toleranz gegenüber triebenthemmten Vereinigungen wie der sogenannten „Gesellschaft der Freunde des Verbrechens". [27]

Adorno und Horkheimer sehen de Sades radikale Forderung nach der „Freiheit zum Verbrechen" als Indiz für ihre These an, wonach die Aufklärung zwar als rationale und vernünftige Befreiung von der Religion angetreten ist, aber am Ende durch ihren Materialismus und Rationalismus auch wieder in ihr Gegenteil umschlagen kann – nämlich in die völlige Unfreiheit und Bedrohung des Lebens durch die Rechtfertigung der Gewalt als Naturtrieb:

Das Werk Sades, wie dasjenige Nietzsches […] steigert das szientifische Prinzip ins Vernichtende. [28]

Die Vereinnahmung des Individuums durch die Kulturindustrie

Die Dialektik der Aufklärung wird ganz deutlich, wenn man den modernen Kulturbetrieb und die Unterhaltungsindustrie näher anschaut. Statt die Menschen zu befreien und zu kreativen und phantasievollen Individuen zu erziehen, erzeugt die Aufklärung heutzutage über die Massenmedien den passiven und genusssüchtigen Konsumenten. Die ursprüngliche Aufgabe der Kunst, die Menschen betroffen zu machen, über ihre Situation zum Nachdenken anzuregen, geht völlig verloren. In monotonen, immer gleichen Erzählmustern werden vorgefertigte Geschichten mit hohem Spaßfaktor erzählt. So wie die Soldaten in den Schützengräben von Verdun jeden Tag ein Stahlgewitter von Kugeln und Geschossen über sich ergehen lassen mussten, wird der moderne Mensch mit leichter Unterhaltung und Spaß bombardiert:

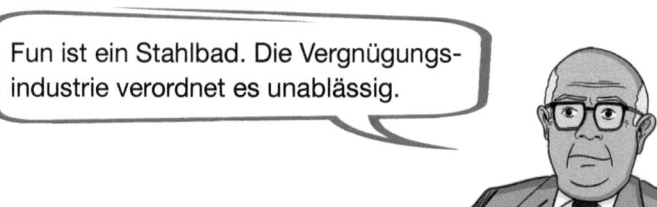

Fun ist ein Stahlbad. Die Vergnügungsindustrie verordnet es unablässig.

Lachen in ihr wird zum Instrument des Betrugs am Glück. [29]

Dabei verkommt das Individuelle der Kunst zu einem Massenprodukt, etwa zur Filmkunst, deren Qualität nur noch an den Besucherzahlen gemessen wird. Autoren und Drehbücher, die thematisch oder inhaltlich gegen den Strom schwimmen, haben kaum mehr eine Chance:

Mißtrauisch blicken die Filmleute auf jedes Manuskript, dem nicht schon ein bestseller beruhigend zu Grunde liegt. [30]

Das Ziel der kapitalistischen Medien- und Kunstproduktion besteht also darin, möglichst große Gewinne zu erzielen. Doch gleichzeitig werden die Menschen gerade dadurch zum Massengeschmack erzogen.

Was Adorno aber besonders erstaunt, ist die Tatsache, dass viele Fernsehzuschauer selbst über das schlechte Programm klagen, über die immer gleichen durchschaubaren und sich wiederholenden Geschichten von Abenteuer und Glück, das sie in ihrem eigenen Leben nicht mehr haben. Dennoch schalten sie Abend für Abend wieder ein:

Unbeirrbar bestehen sie auf der Ideologie, durch die man sie versklavt. [31]

Die Menschen, so Adorno, nehmen ganz bewusst Zuflucht in die fiktiven Filme und Serien der Unterhaltungsindustrie. Warum aber betrügen sich die Menschen so gerne selbst, anstatt nach dem wahren Leben zu suchen? Adornos Antwort ist, wie so oft, sehr ernüchternd:

Wahrscheinlich wäre für jeden Bürger der falschen Welt eine richtige unerträglich, er wäre zu beschädigt für sie. [32]

Wenn Adorno also recht hat, dann geben wir uns den Vergnügungen des falschen Lebens deshalb so hemmungslos hin, weil wir spüren, dass wir dem richtigen Leben gar nicht mehr gewachsen sind. Adorno schätzt auch seine eigenen Chancen auf ein wahres Leben als sehr gering ein. So trägt sein Buch *Minima Moralia* den vielsagenden Untertitel: *Reflexionen aus einem beschädigten Leben*.

Negative Dialektik – Die Überwindung der Sprache und Befreiung von der Diktatur des Begriffs

Hinzu kommt nach Adorno ein weiterer verhängnisvoller Zusammenhang, der die gesamte Menschheitsgeschichte durchzieht: Es ist die Sprache. Denn seit der Steinzeit geben die Menschen den Dingen und den Lebewesen Namen, bezeichnen beispielsweise Tiere nach ihrem akustischen oder optischen Erscheinungsbild als Kuckuck, Uhu oder, wenn sie sich sehr langsam bewegen, als Faultiere. Aber diese scheinbar harmlose Zuordnung von Worten und Begriffen, mit denen wir nach und nach alles um uns herum benennen, prägen in ihrer Summe unser Denken und werden, so Adorno, zu einem gefährlichen „Organ der Herrschaft" [33]. Denn in den Wörtern beziehungsweise in den Begriffen steckt, ohne dass wir es merken, bereits ein mehr oder weniger versteckter Macht- und Herrschaftsanspruch:

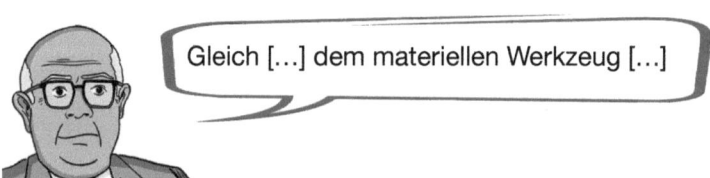

Gleich [...] dem materiellen Werkzeug [...]

ist der Begriff das ideelle Werkzeug, das in die Stelle an allen Dingen paßt, wo man sie packen kann. [34]

Begriffe sind nach Adorno also „ideelle Werkzeuge", mit denen wir die Dinge packen und die Natur so vor uns hinstellen und etikettieren, dass wir sie beherrschen und manipulieren können. Beispielsweise werden Raupen und Schnecken von Gärtnern mit dem Begriff Schädling bezeichnet, um sie, solchermaßen etikettiert, mit einem eigens dafür produzierten Schädlingsvernichtungsmittel besser bekämpfen zu können. Im Begriff Schädling steckt also bereits der subjektive Machtanspruch des Menschen, seine Ernte absolut schadlos zu halten. Doch schon für Wildenten und andere Schnabeltiere, die von der Schnecke leben, ist diese ein Nützling, ebenso wie für den Ökologen, dem es um eine intakte Nahrungskette und Vielfalt der Arten geht.

Die Begriffe, so Adorno, geben letztlich nicht die objektive Wirklichkeit wieder oder gar die Wahrheit, sondern immer nur subjektive Herrschaftsinteressen.

Das subjektive und gezielte „auf den Begriff bringen"
wird daher dem eigentlichen Charakter der Dinge
nicht gerecht. Indem man ein Tier oder eine Pflan-
ze mit dem Sammelbegriff Schädling oder Unkraut
benennt, wird das Machtinteresse ausgedrückt, wonach beide unter das Vernichtungsgebot fallen. Rau-
pe und Löwenzahn werden jeweils identifiziert als
Repräsentanten einer auszulöschenden Gruppe und
damit als etwas, was sie für sich selbst gar nicht sind:

> Das Identitätsdenken sagt, worunter
> etwas fällt, wovon es Exemplar ist
> oder Repräsentant, was es also nicht
> selbst ist. [35]

Auf diese Art stülpen wir in brutaler Weise Begriffe über die Welt, ob sie nun passen oder nicht. Da
Begriffe und Worte dem bezeichneten Gegenstand
aber immer Gewalt antun, ist auch unsere Sprache
nichts anderes, als ein Organon von Herrschaft, eine
Ansammlung von Machtinteressen.

So dienen Sprache und Wörter seit jeher den Mächtigen zur Manipulation. Nicht nur in totalitären Staaten werden Begriffe wie Volksfeind, Volksschädling oder Klassenfeind gezielt zur Erzeugung von speziellen Feindbildern eingesetzt, sondern etwas subtiler auch in Demokratien. So wurde zum Beispiel das frühere deutsche „Kriegsministerium" und „Reichsheeresministerium" nach zwei verlorenen Weltkriegen terminologisch abgeschafft und im Zuge der Remilitarisierung durch den neuen Begriff „Verteidigungsministerium" ersetzt. Es gab sogar den Vorschlag, am besten gleich von „Friedensministerium" zu sprechen.

Die Begriffswahl sollte verhindern, dass die Wiederbewaffnung und Aufstellung einer Armee am Ende mit so etwas wie Krieg in Verbindung gebracht wird. Denn nach 1945 war die Mehrheit der Deutschen kriegsmüde und gegen eine Wiederbewaffnung.

Politiker verwenden seit jeher die Macht der Begriffe für ihre Zwecke. So hat die CDU/CSU aufgrund der verlorenen Bundestagswahl 1972 eine linguistische Arbeitsgruppe eingesetzt mit der Aufgabe, die zentralen Begriffe des SPD-Wahlsiegers „Freiheit", „Gerechtigkeit" und „Solidarität" künftig als Begriffe im eigenen Parteiprogramm widerzuspiegeln und die SPD argumentativ zu übertrumpfen.

Wenige Jahre später führte die CDU dann tatsächlich einen erfolgreichen Wahlkampf mit der Parole: „Freiheit statt Sozialismus!" Der CDU-Parteistratege Alfred Dregger hat die Begriffe ganz gezielt eingesetzt. Mit dieser Parole wurde dem sozialdemokratischen Kanzlerkandidaten Helmut Schmidt der Rückfall in den „Sozialismus" und die Planwirtschaft attestiert, dem konservativen CDU-Kandidaten Kohl dagegen die Verkörperung von „Freiheit" und „Fortschritt" – und das, obwohl historisch gesehen eigentlich die Sozialdemokraten seit Jahrhunderten für Freiheit und Fortschritt einstanden. Mit Begriffen kann also in Einzelfällen gezielt manipuliert werden.

Die Begriffe üben aber, so Adorno, in einem zweiten, viel umfassenderen Zusammenhang eine noch größere Macht aus. Sie erlauben uns nämlich generell nur innerhalb ihres Bannkreises zu denken. Wenn man den Versuch unternimmt, außerhalb der Sprache zu denken, merkt man schnell, wie sehr wir im stahlharten Gehäuse der Wörter und Sätze gefangen sind. Ein Herauskommen erscheint unmöglich. Deshalb, sagt Adorno, sind und bleiben wir Sklaven der Sprache und ihrer falschen Begriffe.

Letztlich, so Adornos fatale Schlussfolgerung, ist somit nicht nur die Dialektik der Aufklärung, der Wissenschaftspositivismus und der Kapitalismus, sondern auch noch die Sprache selbst ein gefährlicher Teil des universalen Verblendungszusammenhangs. Wir bewegen uns von Geburt an in einer komplett manipulierten Welt, die sich bis in die Sprache hinein niederschlägt:

Das Ganze ist das Unwahre. [36]

Wenn aber tatsächlich das Ganze das Falsche ist und wir alle, wie Adorno behauptet, in einem universalen Verblendungszusammenhang gefangen sind, dann müsste dies konsequenterweise auch für ihn gelten. Und somit stellt sich die Frage, woher Adorno wissen kann, dass alles manipuliert ist, wenn er doch selbst nur ein Teil des falschen Ganzen ist? Adorno wäre nicht Adorno, wenn er nicht auch darauf eine Antwort hätte:

Das leibhafte Moment meldet der Erkenntnis an, daß Leiden nicht sein, daß es anders werden solle. [37]

Es ist also das Leiden, das der manipulierten Vernunft anmeldet, dass etwas ist, wie es nicht sein soll und dass etwas anders werden muss. Damit hat Adorno erklärt, dass wir trotz aller Manipulation in der Lage sind, den falschen Zustand als falschen zu erleben, einfach, weil wir darunter leiden. Wie aber kann man über das bloße Leiden hinaus diesen Zustand als falsch erkennen und analysieren? Adorno schlägt dazu die dialektische Methode der Kritischen Theorie vor:

Dazu muss Dialektik, in eins Abdruck des universalen Verblendungszusammenhangs und dessen Kritik, in einer letzten Bewegung sich noch gegen sich selbst kehren. [38]

Was heißt das konkret? Wir müssen uns, so Adorno, mit unserem dialektischen Denken zugleich als Ausdruck des universalen Verblendungszusammenhangs und dessen Kritik begreifen, also als These und Antithese in einer Person, was aber nur möglich ist, wenn wir unser eigenes kritisches Denken in einer zweiten Bewegung noch einmal gegen uns selbst wenden. Das bedeutet konkret, dass wir nach der Bestandsaufnahme von all dem, was wir für die objektive Wirklichkeit halten, noch einmal einen kritischen Verdacht gegen uns selbst richten und uns eingestehen, dass alles bislang Erkannte nur ein manipuliertes Trugbild sein könnte, das noch einmal einzeln und als Ganzes auf den Prüfstand gestellt werden muss.

Es geht Adorno also um eine Art permanente Selbstkritik des Denkens am eigenen Denken. Nur so haben wir die Chance, unser falsches Leben als falsches zu erkennen. Er beschreibt diesen wichtigen dialektischen Prozess der subjektiven Weltkonstruktion und der kritischen Entlarvung eben dieser Weltkonstruktion als seine persönliche Mission:

Seitdem der Autor den eigenen geistigen Impulsen vertraute, empfand er es als seine Aufgabe, mit der Kraft des Subjekts den Trug konstitutiver Subjektivität zu durchbrechen; [39]

Wie kann ich aber den Trug subjektiver Wirklich-
keitskonstruktion konkret durchbrechen? Adorno gibt uns einen Hinweis. Wir müssen versuchen,
bereits unsere Wahrnehmung, also unsere Art und
Weise wie wir zu Erkenntnissen kommen, grundle-
gend zu verändern. Die übliche Anstrengung, die Objekte gewaltsam mit Begriffen wie „Schädling" oder
„Unkraut" zu etikettieren, um sie besser beherrschen
zu können, muss weitgehend fallengelassen werden:

Die Anstrengung von Erkenntnis
ist überwiegend die Destruktion
ihrer üblichen Anstrengung, der
Gewalt gegen das Objekt. [40]

Stattdessen schlägt Adorno vor:

> Seiner Erkenntnis nähert sich der Akt, indem das Subjekt den Schleier zerreißt, den es um das Objekt webt. Fähig ist es dazu nur, wo es in angstloser Passivität der eigenen Erfahrung sich anvertraut. [41]

Diese passive Erfahrung der Wahrheit der Objekte jenseits aller Begriffe und jenseits aller Herrschaftsansprüche ist allerdings schwer zu erreichen und noch schwerer zu beschreiben. Und, so Adorno, man kann diese Erfahrung der Wahrheit jenseits der Begriffe auch nicht mehr so einfach kommunizieren. Dennoch sind sie existent. An dieser Stelle kritisiert Adorno, dass wir heutzutage nur noch das als wahr gelten lassen, was man auch aussprechen und kommunizieren kann. Darüber hinaus gibt es immer auch eine Wahrheit, die sich jeder Kommunikation entzieht, aber dennoch vorhanden ist:

Kriterium des Wahren ist nicht seine unmittelbare Kommunizierbarkeit an jedermann. Zu widerstehen ist der fast universalen Nötigung, die Kommunikation des Erkannten mit diesem zu verwechseln und womöglich höher zu stellen [...]. Wahrheit ist objektiv und nicht plausibel. [42]

Wahrheit ist objektiv möglich, auch wenn sie sich nicht mehr plausibel kommunizieren lässt. Und jetzt zieht Adorno eine radikale Konsequenz. Es ist das Schicksal und die eigentliche Aufgabe der Philosophie, dass sie Wahrheiten generieren muss, die sich der Herrschaft der Begriffe entziehen und die deshalb, so Adorno, unsagbar und nicht mehr referierbar sind:

Daher ist Philosophie wesentlich nicht referierbar. Sonst wäre sie überflüssig; dass sie meist sich referieren lässt spricht gegen sie. [43]

Was nutzt uns Adornos Entdeckung heute?

Wahrheit jenseits aller Worte – Kann man mit Begriffen gegen Begriffe andenken?

Adornos Kritik an der Sprache und am sprachlich verhafteten Denken hat zweifellos nochmals eine neue Dimension in der Philosophie eröffnet. Wenn nämlich nicht nur die kapitalistische Ökonomie, die technokratische Verwaltung und die positivistische Naturwissenschaft Ausdruck der Herrschaft des falschen Zustandes sind, sondern darüber hinaus auch noch die Sprache selbst, dann ist die Aufgabe einer kritischen Philosophie nochmals schwieriger. Es stellen sich zwei entscheidende Fragen: Gibt es eine Wahrheit jenseits der Worte? Und wenn ja: Kann man sich dieser Wahrheit ohne Begriffe und ohne sprachlich präformiertes Denken überhaupt noch annähern?

Die traditionelle Philosophie hat die Wahrheit stets begrifflich gedacht und auf den Punkt gebracht. Kein berühmter Philosoph hat bislang ein Buch mit leeren Seiten als sein Hauptwerk herausgegeben. Will die Philosophie nun als Kritische Theorie, wie es Adorno vorschwebt, emanzipatorisch gegen die Herrschaft der Sprache aufbegehren, muss sie sich gleichzeitig vom begrifflichen Denken lösen und dennoch das Unsagbare irgendwie auf den Punkt bringen. Tatsächlich fordert Adorno diese paradoxe Leistung:

> Philosophie ist die permanente und wie immer auch verzweifelte Anstrengung, das zu sagen, was sich nicht sagen lässt. [44]

Was Adorno hier vorschwebt, ist zunächst mal ein Widerspruch. Es erscheint unmöglich, etwas zu sagen, was unsagbar ist. Und es ist für die Philosophie unmöglich auf Worte und Sätze zu verzichten, aus Rücksicht darauf, dass die verwendeten Worte dem Gesagten Gewalt antun. Entweder nimmt man die

Worte zu Hilfe oder man muss schweigen. Adorno kennt diesen Widerspruch, doch er bleibt dabei:

Die Utopie der Erkenntnis wäre, das Begriffslose mit Begriffen aufzutun, ohne es ihnen gleichzumachen. [45]

Was meint er damit, dass wir das Begriffslose mit Begriffen auftun sollen, ohne es ihnen gleichzumachen? Er meint damit, dass wir zwar nicht umhinkönnen, weiterhin in Begriffen zu denken, dass wir aber all das, was wir als wahr erkennen und ausdrücken wollen, nicht gleich wieder mit Worten etikettieren dürfen, sondern es erst einmal nur umkreisen und umschreiben sollen. So nähern wir uns der Wahrheit „mimetisch" an.

Mimesis ist ein Schlüsselbegriff in Adornos *Negativer Dialektik*. Das Wort kommt aus dem Griechischen und heißt wörtlich übersetzt „Nachahmung". Es hat bei Adorno eine anthropologische Bedeutung. Denn bereits in der menschlichen Urgesellschaft wurde versucht, die Welt mit Hilfe von Mimesis zu verstehen und lebenswert zu machen.

Die Eingeborenen, so Adorno, bastelten beispielsweise „Zaubermasken", um verschiedene positive, aber auch beängstigende Naturereignisse, die sie ersehnten oder fürchteten, mimetisch darzustellen und zu bebildern. So hat man mit Masken von mächtigen Tieren das Jagdglück und die eigene Vitalität heraufbeschworen, mit Pflanzenmasken die Fruchtbarkeit, mit Totenmasken den Weg in das Jenseits. Indem Sehnsüchte und Ängste nachgeahmt und aus sich herausgesetzt wurden, war man in der Lage, mit diesen besser umzugehen und vieles zu verarbeiten, was weder verstanden noch ausgesprochen werden konnte.

Noch heute ist Kunst mit Bildern und Plastiken, sowie Musik und Tanz in gewisser Weise eine mimetische Form, um etwas darzustellen und auszudrücken, das uns betroffen macht, ohne dabei Worte zu verwenden und ganz ohne den Zwang, das, was man ausdrücken will, auf einen Begriff zu bringen und damit zu entzaubern. In der Musik und in den Bildern kann laut Adorno ausgesprochen werden, was sich mit Begriffen nicht mehr sagen lässt. Der Zauber der Kunst liegt auch darin, dass sie hinsichtlich ihrer

Botschaften nicht um die wissenschaftliche Wahrheit buhlen muss:

Kunst ist Magie, befreit von der Lüge, Wahrheit zu sein. [46]

Adorno versucht, uns mit seiner Forderung, über das begriffliche Denken mimetisch hinauszugehen, dafür zu sensibilisieren, auch außerhalb des streng logischen Denkens nach Erfahrungen und Wahrnehmungen zu suchen und diese zuzulassen.

In seiner *Theorie des Ästhetischen*, die unvollendet blieb, da er bereits mit 65 Jahren einem Herzinfarkt erlag, wollte er diese Möglichkeit weiter ausführen. Es ist erstaunlich, dass ein brillanter Rhetoriker und Sprachkünstler wie Adorno, der wie ein Jongleur mit Wörtern und Pointen spielen konnte, gegen Ende seines Lebens versucht hat, auch noch über das sprachliche Denken selbst hinauszukommen.

Dies erklärt sich vielleicht dadurch, dass er auch Komponist und passionierter Musikliebhaber war. Musik und Philosophie gehörten für ihn ohnehin untrennbar zusammen. Und in der größten Herausforderung an die Musik sah Adorno auch die größte Herausforderung an die Philosophie, nämlich das Schwebende und das Unausdrückbare auszudrücken:

Ihr Schwebendes aber ist nichts anderes als der Ausdruck des Unausdrückbaren an ihr selber. Darin wahrhaft ist sie der Musik verschwistert. [47]

Das Unausdrückbare auszudrücken ist also das große dialektische Postulat von Adorno. Fest steht, er hat die Kritische Theorie soweit getrieben, wie es ihm irgend möglich war. Er kritisierte die Aufklärung, den Positivismus, die Naturwissenschaften, den Kapitalismus, die Kulturgüterindustrie und am Ende sogar die Sprache selbst als Organon von Herrschaft.

Doch als die Studentenunruhen begannen, und die jungen Menschen zu tausenden auf die Straße gingen und ihren Protest gegen die autoritären und verkrusteten Strukturen organisierten, zog es Adorno vor, sich mit der Ausarbeitung seiner *Ästhetischen Theorie* zu beschäftigen. Zwar hatte er Verständnis für die Studenten, die sich direkt auf ihn und seine Kapitalismuskritik beriefen, doch wollte er weder die ihm angetragene Führungsrolle übernehmen, noch sich überhaupt an irgendwelchen Aktionen und Demonstrationen beteiligen. In einem Brief an seinen Kollegen Herbert Marcuse, der im Gegensatz zu ihm die 68er Bewegung aktiv unterstütze, äußerte Adorno große Bedenken:

In der Tat kehrte sich die Wut der Studenten auch gegen Adorno selbst. Als er sich der Agitation verweigerte, wurden seine Vorlesungen mit Protestaktionen wie dem „Busenattentat" gestört. Drei Studentinnen stürmten mit entblößten Brüsten auf das Podium, bewarfen ihn mit Blütenblättern und versuchten ihn zu küssen, so dass der völlig überforderte Adorno die Mädchen zunächst mit der Aktentasche abzuwehren versuchte und dann fluchtartig den Hörsaal verließ. An der Tafel stand der Spruch: „Wer nur den lieben Adorno lässt walten, der wird den Kapitalismus ein Leben lang behalten." Ein anderes Mal wurden Flugblätter verteilt mit der Aufforderung, etwas zu tun und Adorno alleine seiner extatischen Textinterpretation zu überlassen: „Er soll alleine quatschen, vor leerem Saal, soll sich zu Tode adornieren."

Kein Zweifel, Adorno war kein Mann der Tat. Wie weit der genuine Theoretiker von jeder revolutionären Praxis entfernt war, geht auch aus einer Begebenheit zu Beginn der Revolte hervor, als er eine Halle mit diskutierenden Studenten durchschritt. Die Studenten bemerkten ihn und quittierten sein Erscheinen erwartungsvoll mit laut anhaltendem Beifall. Langsam und mit der ihm eigenen Würde schritt Adorno durch den tobenden Saal auf das Mikrofon zu, bog aber kurz vorher rechts ab und verschwand im Philosophischen Seminar.

Mündet Aufklärung und Wissenschaft tatsächlich im Totalitarismus?

Was nutzt uns Adornos Kritische Theorie heute noch?
Hat er Recht? Ist die Aufklärung mit dem Siegeszug
der rationalen Naturwissenschaften und der modernen Technokratie tatsächlich mitverantwortlich für
den Rassismus im 20. Jahrhundert? Und vor allem:
Kann die instrumentelle Vernunft auch heutzutage
wieder in einen neuen Irrationalismus umschlagen?
Adornos These ist unmissverständlich:

Millionen schuldloser Menschen [...] wurden planvoll ermordet. Das ist von keinem Lebendigen als Oberflächenphänomen, als Abirrung vom

Lauf der Geschichte abzutun, die gegenüber der großen Tendenz des Fortschritts, der Aufklärung, der vermeintlich zunehmenden Humanität nicht in Betracht käme [...]. [49]

Die planmäßige Vernichtung von Menschen, so Adorno, darf also auf keinen Fall als vorübergehende Verirrung der zunehmenden Aufklärung und des Humanismus abgetan werden, sondern muss realistisch als Bestandteil der modernen Zivilisation verstanden werden. Auch die Ermordung einer Million Armenier durch die Türken während des Ersten Weltkrieges war, so Adorno, kein böser Zufall, sondern die planmäßige Folge eines neuen völkischen Selbstverständnisses. Nur wenn wir die wahren Ursachen der Barbarei im 20. Jahrhundert untersuchen und verstehen, können wir künftige Völkermorde verhindern. Man muss erkennen, dass bis zum heutigen Tag ideologische Reflexe vorhanden sind:

Ideologie überlagert nicht das gesellschaftliche Sein als ablösbare Schicht, sondern wohnt ihm inne. [50]

Unsere einzige Chance, künftige rassistische Bewegungen zu verhindern, ist unsere Aufmerksamkeit und ständige Selbstkritik hinsichtlich unseres eigenen autoritären Charakters. Allerdings, so die pessimistische Prognose von Adorno, ist aufgrund der Dialektik der Aufklärung und der systematisch kapitalistischen Ideologisierung ein radikaler Ausbruch aus dem falschen Zustand letztlich unmöglich:

Es gibt kein richtiges Leben im falschen. [51]

Der Philosoph und Marxist Georg Lukács hat Adorno deshalb scharf kritisiert. Mit seiner Abkehr vom Optimismus der Aufklärung habe er sich argumentativ in eine selbst geschaffene Komfortzone der Inaktivität zurückgezogen. Wenn man nämlich behauptet, dass man dem falschen Leben prinzipiell nicht mehr entkommen kann, macht es natürlich auch keinen Sinn mehr, um gesellschaftliche Veränderungen zu kämpfen. Adorno habe sich damit, so Lukács, in das komfortable „Grand Hotel Abgrund" zurückgezogen.

Auch Habermas kritisierte den Totalverdacht von Adorno und Horkheimer hinsichtlich des Scheiterns der Aufklärung als übertrieben und stellt die Frage: „Wie können die beiden Aufklärer, die sie immer noch sind, den vernünftigen Gehalt der kulturellen Moderne so unterschätzen, dass sie in allem nur eine Legierung von Vernunft und Herrschaft, Macht und Geltung wahrnehmen?" [52]

Die Kritik von Lukács und Habermas mag teilweise berechtigt sein. Fest steht aber auch, dass Adorno mit seinem Verdacht gegen den Rationalismus der Aufklärung einen wesentlichen Beitrag zum Verständnis des Faschismus und Totalitarismus geleistet hat. Adornos These, dass nach dem Zusammenbruch des mythischen und religiösen Weltbildes im Zuge der Aufklärung eine gefährliche Wissenschaftsgläubigkeit entstanden ist, die jederzeit in einen neuen Irrationalismus umschlagen kann, ist zweifellos richtig. Bereits Nietzsche hat genau wie später Adorno festgestellt, dass die Menschen nach dem „Tod Gottes" mit dem aufklaffenden Werte-Vakuum nicht umgehen können. An Stelle Gottes verehren sie, so Nietzsche, sofort wieder falsche Götzen und glauben an pseudowissenschaftliche Welterklärungen wie den Sozialismus, den Nationalismus, den Antisemitismus, den Kapitalismus und andere szientistische

Heilsversprechen. Die Weiterentwicklung des Darwinismus zum Rassismus und Chauvinismus ist nur ein Beispiel dafür.

Die Hypothese der Universitätsprofessoren für Rassekunde, wonach die arische Rasse allen anderen überlegen ist, hatte fatale Folgen. Adorno sensibilisiert uns dafür, gerade heute wissenschaftliche Theorien kritisch daraufhin zu analysieren, ob sie rational begründbare Momente enthalten, die der Gesellschaft dienlich sind, oder ob sie nur ein gefährliches ideologisches Heilsversprechen geben, das am Ende in barbarischem Irrationalismus gipfelt. Dabei ist Adorno insbesondere gegenüber Naturwissenschaftlern skeptisch, wenn diese gesellschaftliche Handlungsorientierung aus positiv feststellbaren Naturtatsachen herleiten und vorschreiben wollen.

Das Ganze ist nicht falsifizierbar – Adornos Kritik an Popper und am Positivismus

Adorno kritisiert die Naturwissenschaften und ihre Methoden wegen ihrer fehlenden Selbstreflexion und ihrer eingeschränkten Sichtweise. Die Naturwissenschaftler, so Adorno, lassen nur das als wahr gelten, was sie positiv, faktisch vorfinden, messen und in Experimenten empirisch wiederholen können. Dabei verlieren sie jede andere Wahrheit, die von komplexerer und nicht messbarer Natur ist, von vornherein aus den Augen.

Auch gestehen sich die Naturwissenschaftler oft selbst nicht ein, dass ihre wissenschaftlichen Studien unter dem perspektivischen Zwang bestimmter Machtkalküle, Unternehmensziele und Kapitalinteressen stehen. Nur die Kritische Theorie erfasse und analysiere auch diese dahinter stehenden Interessen. Umgekehrt wurde von der naturwissenschaftlichen Position aus die Philosophie als unbeweisbare Spekulation verdächtigt.

Der schwelende Konflikt zwischen der Kritischen Theorie und der naturwissenschaftlichen Erkenntnistheorie eskalierte im Jahre 1961 auf der Arbeitstagung der Deutschen Gesellschaft für Soziologie. Die beiden ersten Redner, Popper und Adorno, verwickelten sich in eine Auseinandersetzung über Methode und Aufgabe der Soziologie, die als „Positivismusstreit" bekannt wurde und bis heute großes Interesse findet.

Der studierte Physiker, Mathematiker und Philosoph Karl Popper eröffnete den Kongress mit seinen siebenundzwanzig Thesen zur *Logik der Sozialwissenschaften*. Sein Vortrag schlug ein wie eine Bombe. Popper forderte erstmals, dass auch die Sozialwissenschaften künftig mit der von ihm konzipierten naturwissenschaftlichen Forschungsmethode arbeiten sollten.

In seiner berühmten sechsten These empfiehlt Popper den Sozialwissenschaftlern gemäß dem Modell der Naturwissenschaften, künftig nur noch einzelne Hypothesen aufzustellen, die man mit konkreten Ereignissen, Fakten und Messungen empirisch belegen oder umgekehrt als falsch erweisen kann.

Wird nämlich eine Hypothese als falsch überführt oder wie Popper sagt „falsifiziert", dann muss sie fallen gelassen und durch ein besseres Erklärungsmodell ersetzt werden. So gilt beispielsweise die Hypo-

these „Alle Schwäne sind weiß" nur so lange, bis der
erste schwarze Schwan entdeckt und sie damit falsifiziert ist. Die Wissenschaft gewinnt dadurch immer
neue, präzisere Erklärungsmodelle und somit einen
immer höheren Wissensstand.

Wenn man aber, wie Adorno, gleich das große Ganze
kritisiert, und die Hypothese aufstellt, dass der Kapitalismus als Ganzes das Leben der Menschen negativ beeinflusst, dann ist dies gemäß Popper völlig
unzulässig und unwissenschaftlich. Denn man kann
die Hypothese, dass es ohne den Kapitalismus eine
bessere Lösung für das menschliche Zusammenleben gäbe, unmöglich messen, kritisieren, verifizie-
ren oder falsifizieren. Wenn aber solchermaßen „ein
Lösungsversuch der sachlichen Kritik nicht zugäng-
lich ist", so Popper, „wird er eben deshalb als unwissenschaftlich ausgeschaltet [...] ." [53] Damit wäre die
Kritische Theorie laut Popper schon im Ansatz unwissenschaftlich.

Adorno, der seinen Vortrag gleich im Anschluss hielt,
kritisierte seinerseits Popper aufs Schärfste. Popper
verrate mit seiner Beschränkung der soziologischen
Forschung auf kleine Teilbereiche und empirisch
überprüfbare Tatbestände den eigentlichen Auftrag
der Soziologie:

[...] kritische Soziologie ist, wenn ihre Begriffe wahr sein sollen, der eigenen Idee nach notwendig zugleich Kritik der Gesellschaft [...]. [54]

Die eigentliche Aufgabe der Soziologie besteht nach Adorno gerade darin, die Gesellschaft als Ganzes zu erkennen, den strukturellen Zusammenhang, namentlich den Kapitalismus, zu analysieren, der alle einzelnen Teile verbindet und sich auf unser soziales Leben und das der Individuen massiv auswirkt. Es mache, so Adorno, keinerlei Sinn, beispielsweise nur Familie, Autoritäten, Peers und Massenmedien isoliert zu untersuchen, ohne die Gesellschaftsform zu kritisieren, die diese als „psychosoziale Agenturen" erst zu dem macht, was sie sind. Popper würde, so Adorno, der Soziologie vorschreiben, sich auf falsifizierbare Einzelaspekte zu beschränken, könne damit aber niemals die Ursache selbst erkennen, geschweige denn verändern.

Auch sind alle Fakten, die Popper positiv empirisch gewinnen will, immer schon manipuliert und von der gesellschaftlichen Wirklichkeit überformt. Deshalb sei es umso wichtiger, alle Untersuchungsobjekte im Lichte des falschen Ganzen zu sehen, was wiederum nur die Kritische Theorie zu leisten vermag. Auch versinkt die Naturwissenschaft kritiklos in ihrer eigenen Begriffswelt:

> Die Blindheit und Stummheit der Daten, auf welche der Positivismus die Welt reduziert, geht auf die Sprache selber über, die sich auf die Registrierung jener Daten beschränkt. [55]

Fazit: Laut Adorno kann und darf das positivistische feststellende und zurichtende experimentelle Denken der Naturwissenschaft nicht auf die Sozialwissenschaften und die Philosophie übertragen werden.

Philosophie zeichnet sich gerade dadurch aus, dass sie über die Naturwissenschaft hinausgeht, indem sie

im Denken selbst das vertritt, was nicht Begriff ist, was nicht zurichtend, was nicht einordnend ist [...]. Insofern hat also die Philosophie [...]. tatsächlich etwas wie eine Affinität zur Kunst [...]. [56]

Gibt es doch noch ein richtiges Leben im falschen?

Die große Frage, die sich jedem Leser nach der Lektüre von Adornos Werk stellt, ist diejenige nach einem möglichen Ausweg aus dem allumfassenden „Verblendungszusammenhang". Sind wir tatsächlich unwiderruflich manipulierte Gefangene in einem falschen Leben oder gibt es doch noch eine Chance, den falschen Zustand zu erkennen und diesem zu entkommen? Und wenn nicht, was nutzt uns dann Adornos ganze Philosophie?

Auch er selbst wurde des Öfteren gefragt, was seine Kritische Theorie überhaupt noch für einen Sinn habe, wenn man trotz aller Kritik dazu verurteilt sei, ein falsches Leben zu führen. Adorno war also in der Zwickmühle, denn seine beiden radikalen Kerngedanken „Das Ganze ist das Unwahre" und „Es gibt kein richtiges Leben im falschen" stellen in ihrem Zusammenspiel seinen eigenen emanzipatorischen Anspruch in Frage. Er wusste dies natürlich und hat das Problem selbst thematisiert. Gleich zu Beginn einer Vorlesung über *Probleme der Moralphilosophie* an der Universität Frankfurt sagte er zu seinen Studenten:

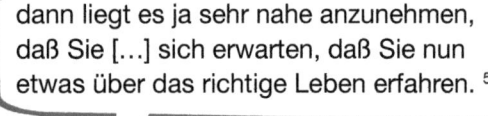

Wenn Sie in eine moralphilosophische Vorlesung von jemandem kommen, der ein Buch über das richtige oder vielmehr das falsche Leben geschrieben hat, dann liegt es ja sehr nahe anzunehmen, daß Sie [...] sich erwarten, daß Sie nun etwas über das richtige Leben erfahren. [57]

Tatsächlich hat Adorno dann versucht, das Paradoxon ein Stück weit aufzulösen. Zwar kann man, so Adorno, heutzutage mit gutem Gewissen kein individuelles oder gesellschaftliches Ideal des richtigen

Lebens mehr ausformulieren. Sowohl Hegel als auch Marx seien viel zu optimistisch gewesen und zu weit gegangen, als sie die Menschheitsgeschichte als kontinuierliche Höherentwicklung bis zur Versöhnung des Weltgeistes oder zur klassenlosen Gesellschaft verstanden haben. Eine solche durchgehende dialektische Entwicklung hin zu einem Endziel des wahren und richtigen Lebens sei spätestens nach Auschwitz nicht mehr prognostizierbar.

Auch für das „richtige Leben" des Individuums, gäbe es keine Blaupause. Allerdings empfiehlt Adorno zwei Verfahrensweisen, mit deren Hilfe wir unser individuelles Leben durchaus verbessern und ein Stück weit dem falschen Zustand entgegentreten können. Die erste Verfahrensweise ist eine Art „Leben, als ob":

> Man sollte, soweit das nur irgendwie möglich ist, so leben [...] wie man in einer befreiten Welt glaubt leben zu sollen, [...] mit all den unvermeidbaren

> Widersprüchen und Konflikten, die das nach sich zieht, versuchen, die Existenzform vorwegzunehmen, die eigentlich die richtige wäre. [58]

Adorno empfiehlt hier also, „die Existenzform vorwegzunehmen", die „eigentlich die richtige wäre" und schon heute so zu leben, wie man in einer zukünftig, befreiten Welt leben wolle.

Aber was heißt das konkret? Es kann nur bedeuten, jetzt schon so zu leben, als wäre die eigene Utopie bereits verwirklicht. Wenn ich also die Vision von der Abschaffung der Geldwirtschaft habe, sollte ich bereits heute ohne Geld leben und mir die Lebensmittel gegen andere Dinge eintauschen oder unentgeltlich aus den Regalen nehmen. Adornos „Leben als ob" könnte auch bedeuten, dass ich als Veganer die Verwirklichung der Tierrechte, insbesondere die Unantastbarkeit des Lebens bereits heute als real ansehe und Metzger sowie Fleischesser als Mörder verurteile. Es könnte auch bedeuten, wie es Adorno selbst praktizierte, die mögliche libidinöse Befreiung der Gesellschaft vorwegzunehmen und neben der Ehefrau ganz offen Beziehungen zu Studentinnen, Modells und anderen Frauen zu haben.

So weit so gut. Schwieriger würde es allerdings, wenn ein Individuum oder eine Gruppe schon heute so leben würde, als wäre die Umverteilung des Kapitals bereits beschlossene Sache. Für solch visionäre Projekte gibt es zwar historische Vorbilder wie beispielsweise Robin Hood und seine Outlaws, die so gehandelt haben, als ob die Umverteilung des Kapitals von Reich zu Arm legal wäre. Es liegt nahe, dass das von Adorno empfohlene „Leben, als ob" über kurz oder lang zu Konflikten führt. Und das war Adorno ganz offenbar bewusst:

Dieses Bestreben ist notwendig zum Scheitern und zum Widerspruch verurteilt, aber es bleibt nichts anderes übrig, als diesen Widerspruch bis zum bitteren Ende durchzumachen. Die wichtigste Form, die das heute hat, ist der Widerstand [...]. [59]

Die Frage nach dem richtigen Leben im falschen wird von Adorno also zunächst mit der hartnäckigen Realisierung der eigenen Utopie gegen alle Widerstände beantwortet. Man muss als Einzelner so leben, „wie man glaubt, in einer befreiten Welt leben zu sollen". Darüber hinaus gibt er einen zweiten, vorsichtigen Hinweis:

Das einzige, was man vielleicht sagen kann, ist, daß das richtige Leben heute in der Gestalt des Widerstands gegen die [...] durchschauten [...] Formen eines falschen Lebens bestünde. [60]

Hier sagt er, dass allein durch den Widerstand gegen die „durchschauten Formen des falschen Lebens" bereits einen Schritt hin zum richtigen Leben bedeuten. Man erzwingt unter Umständen eine Neuorientierung, auch ohne bereits eine konkrete Vision vom richtigen Leben zu haben. Dialektiker wie Adorno sprechen hier von der „bestimmten Negation":

[...] die Utopie steckt jedenfalls [...] wesentlich in der bestimmten Negation dessen, was bloß ist, und das dadurch, daß es sich als ein Falsches konkretisiert, immer zugleich hinweist auf das, was sein soll. [61]

So kann es beispielsweise Sinn machen, sich gegen Atomkraft zu engagieren, auch wenn man noch keine Alternativen für die Energieproduktion nennen kann. Denn allein die Gefahr der über Jahrhunderte andauernden Strahlenbelastung bei fehlerhafter oder scheiternder Entsorgung rechtfertigt den Widerstand. Ist dieser erfolgreich, muss in einem zweiten Schritt zwangsweise nach alternativen Energiequellen gesucht werden.

Auch im privaten Bereich kann es sinnvoll sein in „bestimmte Negation" zu gehen ohne eine konkrete Alternative zu haben. Wenn ein Job, ein Arbeitsverhältnis oder auch eine zwischenmenschliche Beziehung unerträglich wird, ist es notwendig, ein Ende zu setzen, auch dann, wenn noch nicht absehbar ist, was stattdessen kommt. Hier gilt das Motto der Bremer Stadtmusikanten: „Etwas Besseres als den Tod findest du überall". Wenn Adorno recht hat, ergibt sich alleine durch die direkte Negation eine veränderte Situation, die wieder neue Möglichkeiten bringt.

Die Kraft des negativen Denkens – Negation ohne in Position überzugehen!

An dieser Stelle leuchtet noch einmal der Kerngedanke von Adornos *Negativer Dialektik* auf. Wir können und müssen in Negation gehen, ohne in Position überzugehen:

> Es handelt sich um den Entwurf einer Philosophie, die nicht den Begriff der Identität von Sein und Denken voraussetzt und auch nicht in ihm terminiert,

> sondern die gerade das Gegenteil, also das Auseinanderweisen von Begriff und Sache, von Subjekt und Objekt, und ihre Unversöhntheit, artikulieren will. [62]

Die Kritische Theorie ist also eine Philosophie, die „nicht im Begriff der Identität terminiert", also nicht in einer optimistischen Vorstellung von Einheit und

Sich-selbst-Gleichheit mündet. Denn anders als etwa bei Platon, der uns empfiehlt, eins zu werden mit der Idee des Guten, Wahren und Schönen, oder bei Hegel, der am Ende eine totale Versöhnung von Individuum und Gesellschaft sowie von Geist und Materie prognostiziert und anders als bei Marx, dessen Geschichtsphilosophie in der Einheit der klassenlosen Gesellschaft endet, will Adorno gerade die Unversöhntheit aufrechterhalten. Philosophie bedeutet für ihn:

[...] Negation der Negation, welche nicht in Position übergeht. [63]

Adorno fordert von uns, und das ist der innerste Kern seiner Philosophie, die permanente Nicht-Identität und das Aushalten des Nicht-Identischen. Das ist nicht einfach, denn normalerweise strebt der Mensch nach Versöhnung und Identität.

So suggeriert beispielsweise bereits der Begriff Ich-Identität, dass es uns gelingen kann und gelingen sollte, mit uns selbst ins Reine zu kommen und eine harmonische Einheit zu bilden – eine „Sich-Selbst-Gleichheit". Jedes Auseinanderdriften von Idealbild und Realität wird als Identitätskrise empfunden. Wenn wir von einer ausgeglichenen Persönlichkeit oder von gelingender Ich-Identität sprechen, dann bedeutet das konkret, dass das Idealbild, das wir uns von unserer Persönlichkeit machen, mit dem übereinstimmt, was wir wirklich sind, was wir wirklich leisten und was uns die anderen spiegeln. Doch eine solche Identität und Übereinstimmung ist, so Adorno, selbst wenn man sie vielleicht erreichen könnte, gar nicht wünschenswert. Im Gegenteil, man muss auch und gerade gegenüber sich selbst in Negation verbleiben, um nicht bequem, selbstgefällig und blind gegenüber sich und den Problemen um sich herum zu werden:

Es liegt in der Bestimmung negativer Dialektik, dass sie sich nicht bei sich beruhigt [...] [64]

Vor allem aber ist die Nicht-Identität mit der Gesellschaft von größter Bedeutung. Die faschistische

Parole „Ein Reich, ein Volk, ein Führer" offenbart sinnbildlich die Gefahr der totalen Identität und Harmonie mit dem System und der damit einhergehenden Auslieferung des Individuums an das „falsche Ganze". Nur wenn es uns gelingt, unsere Nicht-Identität gegenüber der Totalität jeder beliebigen Gesellschaft aufrechtzuerhalten, nur wenn wir permanent negativ und kritisch bleiben gegenüber Vereinnahmungen der Kulturindustrie, der Ökonomie und deren Ressentiments, können wir verhindern, dass sich in Zukunft wieder totalitäre Systeme etablieren.

Die fast unlösbare Aufgabe besteht darin, weder von der Macht der anderen, noch von der eigenen Ohnmacht sich dumm machen zu lassen. [65]

Die Kraft des negativen Denkens ist nicht zu unterschätzen. Adorno hat uns wie kein anderer diese Kraft gezeigt und uns empfohlen, ihr treu zu bleiben. Er selbst war ein Meister der Kritik und vielleicht der größte und konsequenteste Kulturpessimist, den es jemals gab. Doch bei aller Entfremdung und bei aller Vereinnahmung des Individuums durch das „falsche Ganze" bleibt uns doch die Kritik als ein Instrument permanenter Befreiung.

Zwar können wir das Ganze nicht abschütteln, aber wir können in der Nicht-Identität unsere Offenheit bewahren – unsere Offenheit für dasjenige, das nicht im Ganzen aufgeht, das sich nicht begrifflich fassen lässt und das gerade deshalb zu unserem Menschsein dazugehört. Auch in einer manipulierten Welt gibt es noch die Chance auf Freiheit und Befriedigung – im Widerstand gegen das als falsch Erkannte und im kritischen Denken selbst:

Was einmal gedacht ward, kann unterdrückt, vergessen werden, verwehen. Aber es läßt sich nicht ausreden, dass etwas davon überlebt. [66]

Zitatverzeichnis:

1 Zitat, Theodor W. Adorno, Negative Dialektik, Suhrkamp Verlag, Taschenbuch Wissenschaft, Frankfurt am Main 1980, S. 314, im Folgenden zitiert als „Negative Dialektik"

2 Zitat, Theodor W. Adorno, Erziehung nach Ausschwitz, in: Theodor W. Adorno, Erziehung zur Mündigkeit: Vorträge und Gespräche mit Hellmut Becker 1959 bis 1969, Suhrkamp Verlag, Frankfurt am Main 2015, S. 101, im Folgenden zitiert als „Erziehung nach Ausschwitz"

3 Zitat, Theodor W. Adorno, Minima Moralia, Reflexionen aus dem beschädigten Leben, Suhrkamp Verlag, Frankfurt am Main 1988, Aphorismus 29, S. 57, im Folgenden zitiert als „Minima Moralia"

4 Zitat, Max Horkheimer, Theodor W. Adorno, Dialektik der Aufklärung, Philosophische Fragmente, Fischer Taschenbuch Verlag, Frankfurt am Main 2001, S. 9, im Folgenden zitiert als „Dialektik der Aufklärung"

5 Zitat, Dialektik der Aufklärung, S. 15

6 Zitat, Minima Moralia, Aphorismus 29, S. 57

7 Zitat, Theodor W. Adorno, Soziologische Schriften I, Gesammelte Schriften Band 8, Suhrkamp Verlag, Frankfurt am Main 1979, S.369

8 Zitat, Minima Moralia, Aphorismus 18, S. 42

9 Zitat, Erziehung nach Ausschwitz, S. 88

10 Zitat, Dialektik der Aufklärung, S. 15

11 Zitat, Dialektik der Aufklärung, S. 18

12 Zitat, Dialektik der Aufklärung, S. 19

13 Zitat, ebenda

14 Zitat, Erziehung nach Ausschwitz, S. 100

15 Zitat, Minima Moralia, Aphorismus 19, S. 43

16 Zitat, Dialektik der Aufklärung, S. 50

17 Zitat, Dialektik der Aufklärung, S. 75

18 Zitat, Dialektik der Aufklärung, S. 65

19 Zitat, Dialektik der Aufklärung, S. 52

20 Zitat, Dialektik der Aufklärung, S. 69
21 Zitat, Julien O. La Mettrie, Der Mensch eine Maschine,
    französisch - deutsch, Verlag Philipp Reclam jun. Leipzig 1965, S. 135
22 Zitat, Paul Th. Holbach, System der Natur oder von den Gesetzen der
    physischen und der moralischen Welt, übersetzt von F.- G. Voigt,
    Aufbau Verlag, Berlin 1960, S. 3
23 Zitat, Sade, Marquis de, Die Geschichte der Juliette oder das
    Gedeihen des Lasters, in: Sade, Marquis de, Ausgewählte Werke,
    3 Bände, hrsg. von Marion Luckow, Merlin Verlag, Hamburg 1965,
    Band 3, S. 819, im Folgenden zitiert als „Juliette"
24 Zitat, Dialektik der Aufklärung, S. 101
25 Zitat, Dialektik der Aufklärung, S. 104
26 Zitat, Sade, Marquis de, Die Philosophie im Boudoir, in:
    Sade, Marquis de, Ausgewählte Werke, 3 Bände, hrsg. von
    Marion Luckow, Merlin Verlag, Hamburg 1965, Band 3, S. 71
27 Zitat, Marquis de Sade, Juliette, S. 613
28 Zitat, Dialektik der Aufklärung, S. 101
29 Zitat, Dialektik der Aufklärung, S. 149
30 Zitat, Dialektik der Aufklärung, S. 142
31 Zitat, Dialektik der Aufklärung, S. 142
32 Zitat, Negative Dialektik, S. 345
33 Zitat, Dialektik der Aufklärung, S. 45
34 Zitat, Dialektik der Aufklärung, S. 46
35 Zitat, Negative Dialektik, S. 152
36 Zitat, Minima Moralia, Aphorismus 29, S. 57
37 Zitat, Negative Dialektik, S. 203
38 Zitat, Negative Dialektik, S. 397
39 Zitat, Negative Dialektik, S. 10
40 Zitat, Theodor W. Adorno, Stichworte, kritische Modelle 2,
    Suhrkamp Verlag, Frankfurt am Main 1969, S. 162, im Folgenden
    zitiert als „Stichworte"
41 Zitat, Stichworte, S. 162
42 Zitat, Negative Dialektik, S. 51 f.
43 Zitat, Negative Dialektik, S. 44
44 Zitat, Theodor W. Adorno, Philosophische Terminologie, Band 1,
    Suhrkamp Verlag, Taschenbuch Wissenschaft, Frankfurt am Main
    1979 S. 82, im Folgenden zitiert als „Philosophische Terminologie"
45 Zitat, Negative Dialektik, S. 21

46 Zitat, Minima Moralia, Aphorismus 143, S. 298

47 Zitat, Negative Dialektik, S. 115

48 Zitat, Theodor W. Adorno, Brief an Herbert Marcuse, zitiert nach
    Wolfgang Kraushaar (Hrsg.), Frankfurter Schule und
    Studentenbewegung, Von der Flaschenpost zum Molotowcocktail
    1946 bis 1995, Rogner & Bernhard Zweitausendeins Verlag,
    Hamburg 1998, Bd. 2, S. 652

49 Zitat, Erziehung nach Ausschwitz, S. 89

50 Zitat, Negative Dialektik, S. 348

51 Zitat, Minima Moralia, Aphorismus 18, S. 42

52 Zitat, Jürgen Habermas: 1985, Der philosophische Diskurs der
    Moderne, Zwölf Vorlesungen, Suhrkamp Verlag,
    Frankfurt am Main 1988, S. 146

53 Zitat, Karl R. Popper, Die Logik der Sozialwissenschaften,
    in: Theodor W. Adorno, H. Albert, u.a., Der Positivismusstreit
    in der deutschen Soziologie, Soziologische Texte Band 58, hrsg.
    von Heinz Maus und Friedrich Fürstenberg, Luchterhand Verlag,
    Neuwied und Berlin 1970, S. 105 f., im Folgenden zitiert als
    „Positivismusstreit"

54 Zitat, Positivismusstreit, S.135

55 Zitat, Dialektik der Aufklärung, S. 174

56 Zitat, Philosophische Terminologie, S. 86

57 Zitat, Theodor W. Adorno, Probleme der Moralphilosophie,
    Vorlesung aus Sommersemester 1963, Vorlesungen Band 10, hrsg.
    von Thomas Schröder, Suhrkamp Taschenbuch Verlag,
    Frankfurt am Main 2010, S. 9, im Folgenden zitiert als
    „Probleme der Moralphilosophie".

58 Zitat, Theodor W. Adorno, Probleme der Moralphilosophie,
    Vorlesung aus dem Wintersemester 1956/57,
    Vorlesungstyposkript vom 28. Februar 1957, einzusehen im Adorno
    Archiv Frankfurt, zitiert nach Gerhard Schweppenhäuser, Ethik nach
    Auschwitz. Adornos negative Moralphilosophie, Argument Verlag,
    Hamburg 1993, S. 192

59 Zitat, ebenda

60 Zitat, Probleme der Moralphilosophie, S. 248 f.

61 Zitat, Theodor W. Adorno, in: Gespräche mit Ernst Bloch, hrsg. von
    Rainer Traub und Harald Wieser, Suhrkamp Verlag,
    Frankfurt am Main 1975, S. 70

62   Zitat, Theodor W. Adorno, Vorlesung über Negative Dialektik, Nachgelassene Schriften, Abteilung IV: Vorlesungen, Band 16, hrsg. von Rolf Tiedemann, Suhrkamp Verlag, Frankfurt 2003, S. 15 f.

63   Zitat, Negative Dialektik, S. 398

64   Zitat, ebenda

65   Zitat, Minima Moralia, Aphorismus 34, S. 67

66   Zitat, Theodor W. Adorno, Kulturkritik und Gesellschaft, 2 Bände, Suhrkamp Verlag, Frankfurt am Main 2003, Band 2, S. 798

In dieser Reihe erschienen:

Walther Ziegler
Adorno in 60 Minuten
1. Auflage: Oktober 2017
96 Seiten, Paperback, € 9,99
ISBN 9783-7-4486-463-3

Walther Ziegler
Camus in 60 Minuten
1. Auflage: April 2015
84 Seiten, Paperback, € 9,99
ISBN 978-3-7347-8170-4

Walther Ziegler
Freud in 60 Minuten
1. Auflage: April 2015
96 Seiten, Paperback, € 9,99
ISBN 978-3-7347-8024-0

Walther Ziegler
Habermas in 60 Minuten
1. Auflage: März 2017
128 Seiten, Paperback, € 9,99
ISBN 978-3-7431-8732-0

Walther Ziegler
Hegel in 60 Minuten
1. Auflage: April 2015
128 Seiten, Paperback, € 9,99
ISBN 978-3-7347-8128-5

Walther Ziegler
Heidegger in 60 Minuten
1. Auflage: April 2015
108 Seiten, Paperback, € 9,99
ISBN 978-3-7347-8169-8

Walther Ziegler
Kant in 60 Minuten
1. Auflage: April 2015
144 Seiten, Paperback, € 9,99
ISBN 978-3-7347-8172-8

Walther Ziegler
Marx in 60 Minuten
1. Auflage: April 2015
112 Seiten, Paperback, € 9,99
ISBN 978-3-7347-8154-4

Walther Ziegler
Nietzsche in 60 Minuten
1. Auflage: Oktober 2017
144 Seiten, Paperback, € 9,99
ISBN 978-3-7448-6482-4

Walther Ziegler
Rousseau in 60 Minuten
1. Auflage: April 2015
112 Seiten, Paperback, € 9,99
ISBN 978-3-7347-2555-5

Walther Ziegler
Sartre in 60 Minuten
1. Auflage: April 2015
116 Seiten, Paperback, € 9,99
ISBN 978-3-7347-8156-8

Walther Ziegler
Schopenhauer in 60 Minuten
1. Auflage: Dezember 2017
xxx Seiten, Paperback, € 9,99
ISBN 978-3-7460-1058-8

Walther Ziegler
Smith in 60 Minuten
1. Auflage: April 2015
100 Seiten, Paperback, € 9,99
ISBN 978-3-7347-8157-5

Walther Ziegler
Platon in 60 Minuten
1. Auflage: April 2015
112 Seiten, Paperback, € 9,99
ISBN 978-3-7347-8158-2

Große Denker in 60 Minuten

Sämtliche Bücher der Reihe sind auch gebunden als Hardcover im gleichen Verlag erschienen.

Demnächst in dieser Reihe:

Walther Ziegler
Arendt in 60 Minuten

Walther Ziegler
Bacon in 60 Minuten

Walther Ziegler
Descartes in 60 Minuten

Walther Ziegler
Foucault in 60 Minuten

Walther Ziegler
Hobbes in 60 Minuten

Walther Ziegler
Popper in 60 Minuten

Walther Ziegler
Rawls in 60 Minuten

Walther Ziegler
Wittgenstein in 60 Minuten

Der Autor:

Dr. Walther Ziegler hat Philosophie, Geschichte und Politik studiert. Als Auslandskorrespondent, Reporter und Nachrichtenchef des Fernsehsenders ProSieben produzierte er Filme auf allen Kontinenten. Seine Reportagen wurden mehrfach preisgekrönt. Seit 2007 bildet er in München junge TV-Journalisten aus und leitet die Medienakademie auf dem Gelände der Bavaria Film, eine Hochschulbildungseinrichtung für Film- und Fernsehstudiengänge. Er ist zugleich Autor zahlreicher philosophischer Bücher. Als langjährigem Journalisten gelingt es ihm, das komplexe Wissen der großen Philosophen spannend und verständlich darzustellen.